Seelenlandschaft
erschienen 3-2017

Umschlaggestaltung: Schlosser Verlag
Titelfoto: Claus Conzatti
Text: Petruta Ritter

ISBN: 978-3-96086-055-6
Preis: 12,90 €

Copyright © Schlosser Verlag

Inh.: Manfred Schenk KG, Klosterstr. 1, 41363 Jüchen
Persönlich haftender Gesellschafter:
Manfred Schenk

www.schlosser-verlag.de

Das Werk ist einschließlich aller seiner Teile urheberrechtlich geschützt. Jede Verwertung und Vervielfältigung des Werkes ist ohne Zustimmung des Verlages unzulässig und strafbar. Alle Rechte, auch die des auszugsweisen Nachdrucks und der Übersetzung, sind vorbehalten. Ohne ausdrückliche schriftliche Genehmigung des Verlages darf das Werk, auch nicht Teile daraus, weder reproduziert, übertragen noch kopiert werden. Zuwiderhandlung verpflichtet zu Schadenersatz.

Alle im Buch enthaltenen Angaben, Ergebnisse usw. wurden vom Autor nach bestem Gewissen erstellt. Sie erfolgen ohne jegliche Verpflichtung oder Garantie des Verlages. Er übernimmt deshalb keinerlei Verantwortung und Haftung für etwa vorhandene Unrichtigkeiten.

Seelenlandschaft
Petruta Ritter

Vorwort

Ich muss jeden Tag etwas schreiben, wie zum Beispiel Texte für einen Roman, aber vor allem Gedichte, Schlechte und weniger schlechte, gelegentlich auch Gute, je nach Inspiration und geistiger Verfassung.
Ich muss es tun und Sie werden sich fragen – warum.
Meine Antworten bestehen aus Gegenfragen:
Warum essen Sie?
Warum trinken Sie?
Also um sich am Leben zu erhalten.

Neben diesen zwei absolut notwendigen Lebensdingen assoziiert sich bei mir auch das Schreiben.
Mein Geist ist ein Sklaventreiber, der mich rücksichtslos peitscht mit der Knute voran, und ich ahne nicht wohin.
Paradoxerweise meinem Geist als Sklave zu dienen – also an dieser Rolle, die mir doch manche Annehmlichkeiten des Lebens verwehrt – finde ich süßbitteres Gefallen.
Habe ich mir doch selbst diese Wirklichkeit erschaffen mit der Kraft meiner Gedanken, die mich schon als Jugendliche beschäftigt haben, die dieses Gebiet so stark beeinflusst haben, bis es zur Realität wurde.

Sabine Standenant schreibt in ihrem Buch Folgendes:
‚Im Reich der Quanten liegen alle Möglichkeiten nebeneinander. Indem wir unsere Aufmerksamkeit auf eine bestimmte Möglichkeit lenken, wählen wir genau diese aus.'

In meinem Fall das Schreiben war und ist eine Dauersehnsucht, die in meinem Kopf rotiert – einige Male

schüchterne Versuche gewagt, jedoch mangelnde Orientierung, später Sprachbarrieren –, deshalb musste ich lange Zeit warten, bis sich mein Wunsch stabilisiert hatte und Konturen bekam.
Es ist eine Seelendroge geworden, die mein ganzes Leben davon abhängig macht, ganz gleich, was am Ende herauskommt.
In einem reiferen Alter sich so etwas anzutun, ist ein Wagnis, sagen viele.

Ob Wagnis, ob Torheit, ob Bestimmung, ob Schöngeistbetätigung – nennen Sie es, wie Sie wollen –, ich bleibe dabei mit allen Konsequenzen, auch wenn ich nicht unbedingt im literarischen Trend der Zeit liege. Ich bin bemüht, vor allem in Gedichtform, das festzuhalten, was mein Gemüt bewegt. Spontane Empfindungen, Ereignisse des Alltags und nicht zuletzt die unvergleichbare Schönheit der Natur in Wortgebilden darzustellen, wenn auch – zugegebenermaßen – nur ansatzweise mir gelingt. Aber bekannterweise die Übung macht den Meister.

Waldes Zauber

Du gehst gedankenlos durch den vertrauten Wald,
Vogelgeflüster begleitet dich zum Tal.
Durch karge Schatten des Waldes Quelle funkelt
Entlang des Weges wie edel Bergkristall.

Leise klagend, auf Windesflügeln gleitend,
Aus ihrem leichten Plätschern Wehmut steigt,
Wie ein Geheimnis in ewiger Bewegung
Ihn zu enträtseln, dein Denken übersteigt.

Auf schmalen Pfaden, schweigend, du gehst den Weg allein,
Als wärst du halb im Schweben, so leicht ist dein Schritt.
Ein Himmelsstrahl entschlossen die Wolkendecke bricht,
An dein Herz sich schmiegend er wehes Sehnen stillt.

Oh milde Sonnenkraft im Frühlingsglanze
Aus fernem Ursprung dir strömt die Wärme zu.
Dich preisend, jeder Baum zeigt sich im neuen Kleide,
In dieser Heimatwärme zieht sich dein Herz zur Ruh.

Wandern mit der Sonne

So viele Jahre liegen hinter mir,
Zum Teil verlorene, zum Teil erfüllte Zeit,
Ich lass sie ruhen in der Vergangenheit.
Noch liegt ein weites Land vor mir,

Welch unerforscht. Dorthin meine Sehnsucht mich treibt,
Als Suchende, die nirgends stehen bleibt.
Wandern mit der Sonne, weg von der Menschenwelt,
Durch kühle Schattenwege, durch braun gebranntes Feld.

Dem Süden etwas näher, dem kleinen Paradies,
Noch eh meine Hoffnung mich verließ.
Ich hab noch viel zu wandern, lass mich noch leben, Herr.
Und soll das Ende kommen, mein Gott, mach's mir nicht schwer.

Abschied von ihm

Er ging von mir
Mit trübem Blick.
Erstarrt, verstummt
Blieb ich zurück.

Das Herz versank
In Bitterkeit,
Wie schwer es trug
Das stumme Leid.

Wie leer um mich,
Wie groß das Haus,
Wo er so lang
Ging ein und aus.

Des Glücks beraubt,
Auf meinen Pfad
Fiel Dunkelheit,
Alleinsein naht.

Wenn auch irr
Der Abschied, schwer,
Es gibt zurück
Keinen Steg mehr.

Allein

Diffuses Licht im Zimmer
Ich fürchte mich.
Der Kerze schwacher Schimmer
Ist fahl wie ich.

Ich sitz in den vier Wänden
Allein. Die Angst geht um
Mit ausgestreckten Händen
Gespensterhaft und stumm.

Am Himmel, fremd und kalt,
Zeigt sich der Mond
Durch einer Wolke Spalt
Des Alleinseins gewohnt.

Wie leise schlägt mein Herz,
Vor mir zeigt sich ein Traum
Im wohlbekannten Schmerz.
Mein Leib bewegt sich kaum.

Die Jugendzeit zerrann
Stur, ohne Wiederkehr,
Mit Spott nur dann und wann,
Gekühlt und seelenleer.

Wirft sie durch Jahre weit
Den leblosen Blick.
Du siehst in deinem Leid
Das lang verglühte Glück.

Am Traunstein

Am Traunstein das Morgenlicht
Gefangen in dem harten Grau,
Mit Schreckensspuren im Gesicht
Schleierhaft und ungenau.

Mürrisch wirft es seine Blicke,
Die noch fremd, verschlafen, trübe,
Suchend nach verlorenem Glücke
In des Tales tiefe Grube.

Dorf und Wälder, leicht benommen,
Dämmern träumend, halb erwacht,
Leise stöhnend und beklommen
Hängend noch am Saum der Nacht.

Doch bald aus weiten Lüfte Reich
Vom Osten hallt ein heller Schrei,
Licht beladen, glänzend, weich,
Sorgen- und beschwerdefrei.

Lächelnd hat der junge Tag
Weit geöffnet seine Pforte.
Was er in dunkler Nacht verbarg,
Ließ er frei. Das Licht, das viel gelobte.

Am grünen Hang

Am grünen Hang des Sommers müde
Entschlief der Wind für eine Stunde
Aus seinem Traum zu trinken.
Die Stille hat das Tal erfasst,
Kein Blatt rührt sich am dünnen Ast.
Der Sonne heißen Blicke,

Flammengold, die Erde küssen,
Nicht eine Wolke fürchten müssen
Auf des Himmels Weite.
Ach, in diesem Augenblick
Solches reines Sommerglück
Steht mir treu zur Seite.

Unter kühlem Baumesschatten
Ich stell mir vor den Adamsgarten
Wie einst im Paradies.
Selbst wenn ich steh am Scheideweg
Und schmäler meines Lebens Weg,
Die Freud ist mir gewiss.

O Glück der Sonne, wie sanft berührst du mich.
In deinem Glanze der Ursprung spiegelt sich,
Ein rätselhaftes Wunder.
Ich träume selig wie ein Kind,
Während des Tages Licht verrinnt
In abendroten Mündern.

Auf deinem Schoß

Auf deinem Schoß lass mich verweilen,
Mit dir die Lebensfreude teilen,
Den Blick zum Himmelstor.
Lass mich auf den weiten Fluren
Suchen nach den Glückes Spuren,
Die ich einst verlor.

Du Seele der Natur, dir nah verwandt
Ich fühle mich – lass deine warme Hand
Mein Herz berühren.
Mit dir vereint, befreit von Alltagspflicht,
Von deiner Sanftheit in das Reinheitslicht
Lass ich mich gern entführen.

In eine Welt, die keine Schranken kennt,
Von irdischer Missgunst getrennt,
Von Angst und Zwang.
Durch das Blumenfeld glückselig schweben,
Einen Hauch erhaschen aus unbeschwertem Leben,
Wenn auch nur einen Tag.

Bergwind

Bergwind, wie zahm kommst du daher,
Stufe für Stufe bis zum Tal.
Sanft kühlst du die erhitzte Erde,
Wenn auch sparsam deine Spende,
Wohltuend ist sie allemal.

Du ziehst vorbei, bleibst nirgends stehen,
Nicht einen Hauch vergeudest du.
Dein Kommen, immer ein Ereignis,
Wo du entstehst, bleibt dein Geheimnis,
Nur selten hast du Ruh.

Bilder von damals

Tag für Tag, ohne mein Tun und Wollen,
Aus früheren Zeiten, so in mancher Stunde,
Erinnerungen vor die Augen rollen.
Aufs Neue blühend, mit meinem Geist im Bunde

Wie eine Brücke zwischen Vergangenheit
Und Gegenwart – sie kommen und sie gehen.
So nah bei mir und doch unendlich weit
Und immer frisch, als wäre es gestern geschehen.

Im Herzen verankert tausend Bilder
Ihrem Jugendzauber gleich geblieben,
Der Seele Landschaft wie goldglitzernde Schilder
Sie halten rege Wacht, weil sie dich lieben.

Hart ist es, sich einzugestehen,
Nicht alles war damals sprühende Wonne.
Und dennoch, diese Zeiten sehr nahe mir stehen,
Mich wärmt, heute wie damals, die gleiche Sonne.

Bote des Frühlings

Der Frühling weilt im frisch geputzten Garten.
Es ist schon Ende März, ich täusch mich nicht.
In aller Früh das Sonnenlicht
Mit seiner warmen Hand vertreibt die Schatten

Der kühlen Nacht. Sieh nur, wie hell der Himmel,
Wie selbstbewusst blüht schon die erste Primel.
Am Fenster angelehnt, ich schau hinaus,
Noch herrscht die Morgenstille um mein Haus.

Weit weg von dir, in meiner Wehlust
Ich fing an zu weinen, wenn auch unbewusst.
Mein altes Sehnen, wem soll ich's anvertrauen?
Im Geiste Grübeleien schwirren ohne Ende,
Erinnerungen meine Sicht verbauen,
Resignierend ich dem weißen Blatt mich wende,

Um zu beschreiben, was mein Herz umflort.
Ob der Geist dafür die Worte findet?
Ob ihre Kraft die Sehnsuchtsflamme lindert?
Ob in meinem Sprachschatz gibt's ein solches Wort?

Die Fliederknospen, noch in sich verschlossen,
Von milden Lüften eingeschlossen,
Auch wenn ihre Stimmung im Moment,
Noch etwas wankelmütig sich verhält.
Im Wettkampf mit der Zeit bald tausendfach
Des Flieders Zauberdüfte werden wach.

Einsam am Fenster, den Wind ich nach dir frage,
Doch spöttisch, unbeteiligt, er zieht durchs weite Feld.
Noch viel zu oft lebst du in meiner Klage,
In meinen Tränen ertrinkt die Frühlingswelt,
Dein Schatten mir zu oft das Licht verstellt.

Dankbarkeit

Alles, was in jungen Jahren
Dauerhaft dir schien zu sein,
Dich lockte leicht mit Luxuswaren,
Die in ihrem Glitzerschein

Das junge Auge ließ sich täuschen.
Neugierig, Neues zu erfahren,
Leichten Schritts du gingst durchs Leben
Frei von Sorgen und Gefahren

Mit dem Blick zum Licht gerichtet,
Schlendernd durch die fremden Gassen
Alle Not aus deiner Heimat
Hast du hinter dir gelassen.

Doch niemals hast du vergessen,
Wo du hast gelebt als Kind.
Deine Eltern, die Geschwister,
Die zurückgeblieben sind.

An deinem erreichten Wohlstand,
Der anfangs dich überrascht,
Haben alle deine Lieben
Viele Jahre mit genascht.

Lächelnd du mit beiden Händen
Hast genommen und gegeben,
Bis dir nicht mehr viel geblieben,
Doch ausreichend noch zum Leben.

Vom herbstlichen Hauch umweht
Dein Geist, rege heimlich schlägt
Zwischen Einst und Heut 'ne Brücke,
Die dein Sehnen weiter trägt.

Nun lebst du eine andere Zeit,
Still wie ein tiefes Gebet
Und mild wie das Oktoberwetter,
Du freust dich, wenn am Abend spät

Der Himmel dunkelblau sich färbt
Und öffnet dir die Welt der Träume.
Im Herz ein Glücksgefühl erwacht,
Wenn Jugendbilder fluten durch verschlossene Räume.

Dann bist du aller Welt verbunden,
Wenn auch nur für eine Nacht.
Aus dem Vergangenen satt trinken,
Bis dich das Trinken schläfrig macht.

Das alte Jahr

Vor mir das Ungewisse drückt mich schwer,
Noch zögere ich, mich vom alten Jahr zu trennen.
Das Künftige kann ich noch nicht erkennen,
Noch sind die Blätter im Kalender leer.

Wohl bot das alte Jahr mir Freud und Tränen,
Doch jedes Hindernis, das mir im Wege stand,
Mit Mut und Zuversicht ich überwand.
Nun drängt die Zeit – ich muss mich von ihm trennen.

Ich schau hinaus in die klare Luft,
Die Sonne schleicht wie durch ein fremdes Land
Der Erde fröstelnd zugewandt.
Aus dem Buchenwald ein Vogel ruft.

Doch stumme Hoffnungen mein Herz berühren,
Und siehe da – die Angst verliert an Macht.
Ach neues Jahr, du wirst mich mit Bedacht
Auch dieses Mal auf rechte Wege führen.

Das kleine Haus

Was ist aus dir geworden, kleines Haus?
Wo ich so oft als Kind ging ein und aus.
Du, meine ferne Heimat, wohin ich auch gehe,
Begleitet mich im Herzen deine vertraute Nähe.

Wo blieb der schöne Garten, der meine Zuflucht war?
Still meine Jugendträume barg einst Jahr für Jahr.
Wie fern bist du, o Kindheit, wie trübe deine Welt,
Erinnerung von damals am Saum der Zeit zerschellt.

Und bleibt konturenlos hinter versperrter Tür.
Die Zeit, ach wie vergänglich, verwirrt ich staune nur,
Warum mein Ich so klammert, wenn alles flüchtig ist.
Du arg zerrissene Seele, ein Knecht des Leids du bist.

Das Rätsel bleibt

An manchen Tagen das verlorene Glück
Macht dir zu schaffen, und die Seele weint,
Rückwärts drängend, die Gegenwart verneinend,
Es sucht vergebens nach dem Weg zurück.

Doch irgendwann wirst du erkennen,
Dass nur die Augenblicke zählen.
Sie gleichen den Meereswellen,
Sie kommen schnell, schnell sie sich trennen

Vom Jetzt und fließen mit dem Strom
Des Lebens – still. Neue kommen nach,
Immerzu, der Geist bleibt wach
Und forscht und fragt, wieso, warum,

Um resignierend festzustellen,
Herrgott dir kurzes Leben gab,
Du nimmst die Fragen mit ins Grab.
Das Rätsel bleibt verborgen in den Lebenswellen.

Dein Brief

Wie ein Blitz aus blauem Himmelsbann
Traf mich dein Brief, geliebter Mann.

Stark zitternd, gierig meine Hand
Nahm den Brief, der vor mir stand.

Sie hielt ihn fest, was nun geschah,
Ich fühlte tief, du warst mir nah.

Was du mir schriebst, wusste ich nicht,
Doch mich umströmte sanft sein Licht.

Bebend, süß im Herz durchwühlt,
Ich habe dann den Brief enthüllt.

Die Schrift war Balsam auf die Wunde,
Im Traum verging Stunde um Stunde.

Ich gab mich hin der Seligkeit,
Das Leid entschwand, ich war geheilt.

Deine Berührung

Deine Berührung einst war meine Seelenglut,
Ich trank aus deinem Atem des Lebens frische Frucht.
Doch irgendwann die Stimmung kippte um,
Ich war verwirrt und wusste nicht warum.

Einst war dein Bild in mir tief eingebrannt,
Ich lag im Glück, weil ich dich fand.
Doch eines Tages – ich sah dein Bild nicht mehr,
Es verlor sich in dem Lebensmeer.

Mir rann plötzlich auf der Hand
Ein Abschiedstränchen, das ich dir sandt',
Durch den Wind mit einem kühlen Kuss
Im Morgengrau als letzter Abschiedsgruß.

Jüngst eine Ahnung brach meine Einsamkeit
Und ich suchte zaghaft nach verlorener Zeit.
Doch sie lag leblos hinter verschlossenen Toren,
Dir sei gesagt, mein Herz, vorbei ist gleich verloren.

Der Fels

Im Drang der Freiheitslust entschloss ich mich,
Den Fels bis zu dem Gipfel hochzugehen.
Befreit von Not und Zwängen innerlich,
Mit klaren Blicken der Bäume Wipfel sehen.

Am Grunde dieses Bergmassivs seit früheren Zeiten
Verbirgt sich ein Geheimnis undurchdringlich, tief.
Fantasiegedanken meinen Geist begleiten,
Kaum zu begreifen, dass dort mal Meereswasser lief.

Seit Urbeginn in steter Zeitbewegung
Der Wetterwechsel umformte diese Erde.
Ein Abenteuer in ewiger Erregung,
Ein ruheloser Kreis von Stirb und Werde.

Der Pappel Raunen

Aus dem verdunkelten Himmel fällt Nacht,
Stille atmend deckt sie das schläfrig gewordene Land.
Kalt, unsterblich, der Halbmond hält Wacht,
Unbeteiligt, unergründlich, launenhaft, überspannt.

Seine Scheinwerfer gleiten über das schweigende Feld,
Routinemäßig, taub, stumm, im Dienste seiner Pflicht.
Stets umhüllt vom Geheimnis einer göttlichen Welt
Torkelnd dahin durch das schimmernde Licht.

Mein Blick übers Tal folgt seinen schattigen Spuren,
Hinter mir, in dem See verankert, der Berg.
Lautlos des Riesen schwache Konturen
Fallen ins Wasser durch den felsigen Weg.

Tag dringt ein. Tröstliche Gedanken erhellen den Geist,
Eine letzte Restnacht zieht sich zurück – irgendwo!
In magischen Sphären, von Frieden umkreist,
Schon brennt der Horizont lichterloh.

Aus dem noch dösenden Wald strömt ein Lied,
Kaum beachtet von der lärmenden Welt
Da draußen, die nichts Göttliches fühlt.
Von egoistischen Zielen umstellt,

Taub geworden und blind. Gott, wie dankbar ich bin,
Deine Stimme zu hören, in den klaren Tag schauen,
In das schweigende Licht, Herzensfriede im Sinn.
Von der Sonne gewärmt, lauschend, der Pappel
liebliches Raunen.

Der Weg zum Ziel

Lass dem Geiste seine Träume,
Schaff dem Herzen freie Räume.
Setz dir Ziele, lass sie fliegen,
Die Angst darf dich nicht besiegen.

Nicht auf Hindernisse schaue,
Zeige Mut, auf Glauben baue.
Wage es, zögere nicht,
Harter Wille nie zerbricht.

Überwinde Barrieren,
Vermeide, dich zu beschweren.
Gib dem Zweifel keine Nahrung,
Erfolg – deine Offenbarung.

Raube dir die Hoffnung nicht,
Verlierst du sie, verlierst das Licht.
Glaube auch an Wunder fest,
Es gibt mehr, als sich denken lässt.

Auf dem Weg hin zum Zenit
Hast auch Ruhezeit verdient,
Um zu spüren, dass sich lohnt
Der Kampf zum Ziel, der in dir wohnt.

Lass zurück die alten Werte,
Zukunft ist dein Weggefährte.
Traure nicht, was ging verloren,
Neuer Wunsch wird neu geboren.

Um zu erreichen neues Land,
Nimm selbst das Ruder in die Hand.
Und ruder auf des Zieles Pfade,
Wenn auch nicht immer schnurgerade.

Vertraue der großen Kraft,
Selbst das Unmögliche sie schafft.
Wenn du weißt, du willst dorthin,
Setz dich ein mit Herz und Hirn.

Denk niemals ans Aufgeben,
Wankelmut vergrämt das Leben.
Mach dir nicht zu viele Sorgen,
Nach dem Heut' kommt stets der Morgen.

Zuversicht aufbewahren,
Manchmal in Geduld ausharren.
Wenn dein Ja dem Nein sich stellt,
Souverän es sich verhält,

Sicher durch die vielen Gassen,
Dann muss Nein den Platz verlassen.
Schon lacht dir Erfolg entgegen,
Dir geweiht aus Gottes Segen.

Unbeschreibliches Gefühl,
Freue dich, du bist am Ziel.

Des Herbstes Schwermut

Spätherbstsonne, sinkend, zag,
Reifes Obst hängt an den Ästen.
Durch die Lüfte aus dem Westen
Pfeift der Wind den ganzen Tag.

Hoch am Hügel lange Schatten
Zittern mit dem Blätterfall.
Gottes Hand malt überall
Bilder auf des Herbstes Matten.

Im Wald riecht es nach Verwesung,
Schwermut zieht durch das Feld.
Müdes Licht ins Fenster fällt
Und du sehnst dich nach Genesung.

Neben deinem Seelenleid
Gesellt sich noch die Einsamkeit.
Im Gepäck die stumme Ruh
Spöttisch grinsend winkt dir zu.

Des Lebens Freudentanz

So bist du wieder in dem grünen Wald
Dem Lärm der großen Stadt entkommen.
Vertrautes Glück hat dir die Angst genommen
Von schwerem Atem und glotzendem Asphalt.

Wie unbeschwert der Hang am Himmel ruht!
Noch keine Wolke trübt sein klares Blau.
Die Wiese glänzt in reinem Morgentau
Schwelgend in der süßen Wonnenglut.

Was dir im trügerischen Großstadtglanz
Verloren ging, das findest hier du wieder.
Mit dir im Einklang du schließt die Augenlider
Und fühlst des Lebens Freudentanz.

Die Freunde meines Ichs

Die Gesellschaft meiner Freunde
Besteht aus vielen Projektionen
Meines inneren Ichs.
Hast du gesagt, ich bin alleine?
Was für ein Irrtum!
Dir sei gesagt:
„Die Beständigkeit der freundschaftlichen Bindung
Zwischen mir und mir
Reißt niemals ab.
Ich muss meinem Ich nichts beweisen.
Es ist immer im Einklang mit mir,
Immer da, es begleitet mich,
Es tröstet mich,
Es hebt mich, während ich
Am Boden liege.
Und es ist glücklich mit mir,
Während ich die taunasse Wiese
Am Morgen berühre.
Ein Treuebund, lebenslang."

Was für ein Glück!

Die Lebenswerte

Ich schaue gerne in den Spiegel.
Noch sind die Lebensspuren seicht im Gesicht,
Auch wenn sie täglich etwas tiefer werden,
Die Veränderung beängstigt mich nicht.

Das Leben nimmt mir fort Jahr für Jahr,
Was es mir in jungen Jahren reichlich geschenkt.
Sanft verpflanzt mich an einen anderen Ort,
Dem Wesentlichen mich schrittweise lenkt.

Was Dauer hat, ich nehme mit auf die Reise.
Erinnerungen, beglückende Träume,
Verständnis, Glaube, Zufriedenheit,
Werte, die meinen späten Weg säumen.

Das Herz, zeitlos geblieben,
Hat seine Fähigkeiten bewahrt,
Zu verstehen, zu verzeihen, sich zu freuen,
All das macht aus meine reif gewordene Art.

Die Verwandlung

Das Dunkel fällt unheimlich still.
Vom Wind gepeitscht die dürren Äste stöhnen,
Meine Gedanken wandern ohne Ziel,
Mein Geist im tiefen Chaos versponnen.

Mühsam versucht er sich zu befreien.
Ob es sich lohnt, den anderen Weg zu gehen
Als den des Traumes – mir ist, als wollte ich schreien,
Du wirrer Geist – ich will das Leben sehen.

Verschwommen, an ihm nicht festgebunden,
Des Alltags kleine Dinge mich erdrücken.
Im Alleinsein ich hab mein Glück gefunden,
Keinen Schritt will ich von ihm abrücken.

...

Die Wolken sammeln sich – ein Himmelsspiel.
Der Regenduft befällt das weite Tal.
In Dunkelheit verliert sich das Profil
Des Gartenzaunes – der erste Donnerschall

Im wilden Zorn durchdringt die Atmosphäre.
Die Luft erzittert, Gewitterblitze toben
Einander jagend, versickern in die Leere
Flutend aus dem hohen Berg da droben.

Zügellos im dumpfen Fall der Regen
Lässt Erde, See und den Wald erblinden.
Doch bald der Wind mit leichten Flügelschlägen
Vertreibt die Wolken, die im Nichts entschwinden.

...

Zahllose Sterne durch mein Fenster blinken,
Oh Nacht, wie süß vertraut du mir bist.
Geheimnis flüsternd deine Träume winken,
Ein wundersamer Zauber, der dir eigen ist.

In deinen Augen schimmert Mondeslicht,
Durch deinen Atem strömt des Himmels Frieden.
Du wiegst im Schlaf die Schöpfung, bis der Tag anbricht,
Die Dichtermuse lässt du Verse schmieden.

Die Zeit ist unbestechlich

Die Zeit – unbestechlich und stur,
ohne Beginn, ohne Ende.
Stumm, schwerelos durch die sündige Erde
Sie gleitet dahin mit tauben Ohren.
Wo liegt ihre Quell, wer hat sie geboren?

Mit uneingeschränktem Gedächtnis ausgestattet,
Nichts ihr entgeht, sie sammelt emsig, sie faltet
Seiten, zahllose Geschichten aus aller Welt Ecken.
Von ihrem umfassenden Blick nichts kann sich verstecken.

Die Zeit – maßlos, dauerhaft,
von jeglicher Regung befreit,
Stellt keine Fragen, verspricht nichts, nichts bejaht,
nichts verneint.
Überall ist sie da – sie erkennt kein weltliches Haus,
Im Universum sie dehnt sich nach ihrem Gutdünken aus.

Unter der Last beklemmender Fragen
krümmt sich mein Geist
nach dem Ursprung der Zeit,
oder wie immer das heißt.
Er sucht eine Antwort in dem endlosen Raum der Zeit.
Müde ich blick', wie die Sonne in das Abendrot eilt.

Was verbirgt sich dahinter, was bewegt sich, was ruht?
Ihr lästigen Fragen, ihr macht meinen Geist noch kaputt.

Dir, Himmelsvater

Dem Flüstern der Natur zu lauschen,
Des Sommerregens süßes Rauschen,
Der Flug von bunten Schmetterlingen,
In diesen gnadenreichen Stunden
Mit Freudentränen meine Augen ringen.

Liegend in der Sommerwiese,
Über mir der blaue Riese
Wolkenlos, unendlich weit,
In seinem verträumten Antlitz
Spiegelt sich die Ewigkeit.

Eine Brise durch das Land,
Sanft wie eines Kindes Hand.
Zauberreich, behaucht mit Glück,
Streift für einen Augenblick
Lächelnd mein zerzaustes Haar.
Welcher Gottheit Schoß gebar
Diese Macht, die unsichtbar.
Meinen Dank ich schick' durchs All
Dir, Himmelsvater, tausendmal.

Dorthin will ich

Ihr Blumen da am Wegesrand,
Wie oft ich Trost bei euch fand
In meiner Grübelei.
Der Sommerwind durch eure Munde
Im Flüsterton er gab mir Kunde,
Dass alles geht vorbei.

Die Tageshärte schmolz dahin.
Im Geiste leichter, frei die Stirn,
Die Stille als Begleiter.
Von Sommerdüften süß umringt,
So ging ich fröhlich, leicht beschwingt,
Auf dem Wege weiter

Hin zum alten Buchenwald,
Dort, wo durch die Zweige hallt
Vogels Süßgesang.
Dort mich Sehnsuchtsträume tragen,
Dort will ich mein Lager schlagen
Einen Sommer lang.

Du weinst

Aus Irgendwo ein dumpfes Schallen
Kommt dir zu Ohr, doch ringsumher
Das weite Land ist menschenleer,
Du siehst nur die Blätter fallen.

Aus ihrem toten Flug zur Erde
Wird ein neuer Schmerz geboren.
Das alte Glück geht leis verloren
Im Dauerkreis der Zeitenwende.

Die Tage gehen blind und stumm,
Unaufhaltsam, Schritt für Schritt.
Mit dieser Welle schwimmst du mit,
Du weinst und weißt nicht warum.

Ein Gänseblümchen

Ein Gänseblümchen ganz allein
Auf noch kalter Heide
Winkt der Welt jungfräulich rein
In ihrem Brautkleide.

Ein Heimatlicht

In dieser Abendstunde
Du gehst den Weg allein
Entlang des Waldes Grunde
Des Baches klarem Schein.

Du willst der Angst entrinnen,
Der herben Einsamkeit.
Doch tiefe Schatten spinnen
Dich in die Dunkelheit

Und spotten deiner Schwere.
Du fragst nach Sinn und Ziel
Und nach des Lebens Lehre
Und weißt: Du fragst zu viel.

Wenn auch die Schritte träge,
Wenn auch trüb die Sicht,
Du suchst auf spätem Wege
Ein kleines Heimatlicht.

Will Gott, so wirst du spüren
Eine vertraute Hand,
Die sorglich wird dich führen
Ans Ziel ins Heimatland.

Ein Restchen Dunkel

Der Tag fängt vielversprechend an.
Schon in der Früh die Amsel singt,
Ihr Lied bis zu dem Himmel fliegt.
Ein Sonnenstrahl erhellt das dunkle Tann.

Am Horizont die Sonne geht auf.
Ich schick' dir einen Guten-Morgen-Gruß.
Ein Restchen Dunkel dem Licht sich beugen muss,
Des Tages Bahn folgt fröhlich ihrem Lauf.

In der Natur so viele Kräfte wirken,
Ob Wolken, Wälder, Blumen, Meer,
All diese Dinge zu dir hinauf blicken,
Du weist ihnen treu den Weg, du, Herr.

Ein Restchen Glück

All die Ereignisse, die auf dem weiten Weg
Des Lebens dir begegnen, dich begleiten,
Bewahrt das Herz unter Treueschwur,
Ob Freuden oder Bitterkeiten.

Wie oft verängstigt, wie ein gejagtes Tier
Hast du gesucht ein schutzbereites Eck,
Um zu entkommen dem Gewirr,
Dem Lebenszwang mit seinem dumpfen Schreck.

Du hast nach einer Hand gesucht,
Um dich zu einem Ziel zu führen,
Als du unter der Last der Furcht
Fast umgekommen auf den Todesspuren.

Ein Restchen Glück ist dir doch noch geblieben,
Ein Strahl des Lichts, ein kleiner Regenbogen.
In seinem Glanz die schwarzen Trauerwolken
Murrend vor sich hin sind fortgezogen.

Die raue Zeit, verstummt, ruht nun am Grunde,
Das Herz ist heimgekehrt, du lächelst milde.
Mit neuen Hoffnungen im Bunde
Lässt du dich streicheln vom sanften Frühherbstwinde.

Einem verehrten Dichter

Wenn ich in deinen Werken lese,
Aus jedem Blatt schwillt Schmerz empor.
Es ist, als ob aus dem Jenseits deine Stimme
Wie schwerer Orgelklang erreicht mein Ohr.

Die Dichtungsschönheit zauberhaft hast du
Für die Nachwelt festgehalten, immerdar.
Im Herzen ein Romantiker, Zeit deines Lebens,
Im Geiste ein Genie, der unvergleichbar.

Als Suchender von Sehnsüchten getrieben,
Dein Dichtergruß, wo du auch immer schrittest,
Erhallte herzberührend, leidenschaftlich.
Wie tief in deiner Seele du littest.

Dein schöpferischer Geist, nach Schaffen dürstend,
Hat die Menschenträume festgehalten,
Mit Feinstgefühl in Poesie verwandelt,
Von Frömmigkeit umhaucht für ewige Zeiten.

Du warst bestrebt in deinem kurzen Leben
Nach der reinen Liebe, nach Gerechtigkeit.
Jeder Mensch in Freiheit sein Dasein zu gestalten,
Der Erde Reichtum gerecht geteilt.

Empört sahst du die präpotente Klasse,
Wie sie das Volk zum Untertan sich machte.
Im Rausch der Macht, im Wohlstand und Genusse
Jeden Tag sie feierte und lachte.

Enttäuscht du schriebst deine Gedanken nieder,
Bemüht, aus Damals nichts zu übersehen.
Die scharfe Ironie in deinen Zeilen
Wird weiterhin Epochen überstehen.

Dein Tod, der es viel zu eilig hatte,
Hat dich der Welt auf die gemeinste Art entrissen.
Verarmt, im Geist umnachtet, in einem Irrenhaus,
An den Gedanken, mir die Tränen strömend fließen.

Die Leere ist geblieben, auch jetzt nach vielen Jahren.
Deine Ausdruckstiefe gelang keinem Poeten
In der rumänischen Literatur je zu übertreffen.
So tragen deine Werke weiterhin unangefochten
Die höchste dichterische Souveränität.

Einsamkeit komm mit

Hat die Einsamkeit bei mir
Einen Dauersitz gefunden?
Oder will sie sich erkunden,
Ob ich billige ein „Wir",
Eine Einsamkeit mit ihr,
Um meine Seele zu gesunden.

Ich frag nicht viel, will nichts verstehen,
Wenn auch auf die verfluchte Weite
Unglück ruft an ihrer Seite.
Ganz egal, ob falsch, ob richtig,
Stille Einsamkeit macht süchtig,
Einsam will ich weitergehen.

Dort, wo Regenbögen prangen,
Wo ein Ende hat das Suchen,
Wo kein Neid und kein Verfluchen,
Sehnsucht findet ihre Ruh,
Bist mit ihr auf Du und Du,
Keine Not gibt's zu beklagen.

Einsamkeit, bring mich ans Ziel.
Meinst du, ich verlang zu viel?
Freundin, auch dir sei gewiss,
Du darfst mit ins Paradies.

Ende einer Liebe

Begreifst du klar, dass der Moment gekommen,
Aufzuhören, den anderen zu lieben.
Verfluchter Schmerz, an deinen Nerven ritzen
Tiefe Wunden, die das Herz durchdringen.

Die Zeit mit ihm – unwiderruflich
Geht verloren. Mit Ende dieser Liebe
Die Vergangenheit sinkt in dir nieder.
Im Dunkel klagend ermatten ihre Bilder,
Ach, alles auf der Welt ist öd und trübe.

Erloschene Liebe

Wie reichlich hab ich dir geschenkt
Einst meine Liebe.
Und immer wieder sprossen nach
Entflammte Triebe.

Damals es schien für dich zu sein
Ein Spiel, ein Zeitvertreib.
Doch heute kommst du müd zu mir,
Begehrst mein Lieb', mein Leib.

Die Liebesglut, unwiderruflich
Erlischt – vor langer Zeit war dein.
Nun kennt sie kein Verlangen mehr,
Nun bin ich gern allein.

Es gibt Hoffnung

In meinem Inneren weht der Spätherbstwind,
Noch zeigt er Gnade und gönnt mir milde Sonne.
Die Jahresringe noch nicht gebrochen sind,
Mein Lebensbaum trägt noch aufrecht die Krone.

Es ist, als ich die Jahre übersah
In des Lebens Trubel und Getöse.
Umgrenzt von tiefer Sehnsucht steh ich da
Und beweine die verblühte Rose.

Sei tapfer, banges, armes Herz,
Die Welt noch ist dir gut gesinnt.
Bald wiederkehrt der Monat März,
Mit ihm die Frühlingszeit beginnt,

Dir frische Kraft und Mut wird spenden
Und neue Wege öffnen sich,
Um deine Wünsche zu vollenden.
Das ahne ich, das fühle ich.

Es wird schon werden

Auf dem erdenweichen Bett alleine liegen,
Einatmen tief den Staubduft im Stillen,
Während die Birkenäste wie im Tanz sich biegen
Und über dir die Wolken mit dem Himmel spielen.

Deine Gedanken schweifen durch das Land der Träume.
Leidend sehnst du dich – nach wem? – Du weißt es nicht.
Des Windes Atem schlummert in zartbegrünten Bäumen.
Im Geiste spinnst du schweigend ein weinendes Gedicht

Und schickst es mit den Tränen durch die Himmelswelt.
Stark hoffend, dass die Zeiten sich doch wenden,
Dass es Herz und Seele im Gleichgewicht hält.
Und denkst im Stillen – ach, es wird schon werden!

Frühlingserwachen

Vom hellen Morgen durch die Lüfte getragen,
Mit frischem Gesicht auf wärmendem Strahl
Mutig der Frühling gleitet zum Tal.
Des Winters letzte Spur zittert im Bangen

Und schwindet durch das noch laublose Geäst
Ins unsichtbare Nichts – von lauen Winden verdrängt.
Die Gartengestalt wird täglich behängt
Mit Frühling – die Verwandlung ist ein einziges Fest

Der Natur – die Erde, von Frostzwängen befreit,
Leuchtet in der Frühmorgenflamme.
Vergnügt schließt sie liebevoll in die Arme
Alles, was aus ihrer Kraft sprießt und gedeiht.

Leichten Schrittes gehst du durch den Wald,
Staunend, wie die Bäume übereilend
Die Freude an Verjüngung mit Blumen sich teilend,
Während das Quellenlied durch den Walde erhallt.

Der wiederkehrende Frühling umschließt
In seinem goldenen Schoß die blühende Flur.
Leben atmend, das Herz der Natur
Freudig gestimmt die Schwere des Winters vergisst.

Geboren für die Ewigkeit

Ich übersah von so viel Nacht
Wie durch das verträumte Feld,
Mit warmer Hand die Frühlingswelt
Streute sie verjüngte Pracht

Übers Land – und siehe da,
Wie es keimt und blüht und glänzt,
Wachstumslust an Wunder grenzt,
Wenn Gottes Hauch der Erde nah.

Die Verwandlung mächtig, still,
Durch die Schöpfung macht die Runde.
Ach Natur, an diesem Spiel
Ein Geheimnis liegt zugrunde.

Ein stummes Glück, ein leiser Ruf,
Ein leichtes Beben durch die Zeit.
Was für ein Rätselwerk Gott schuf,
Geboren für die Ewigkeit.

Gespräch mit meinem Ich

Ich gebe es zu, gelegentlich,
Wenn die Einsamkeit ins Herz einbricht,
Ich rede laut mit meinem Ich.
So wird mir wohler innerlich
Und ich verstumme nicht.

Hat mich einmal jemand gehört
Bei meinen Selbstgesprächen,
So sage ich ihm, sei unbesorgt,
Mach dir kein Kopfzerbrechen,
Und lasse mich manches Mal wagen,
Ein Wort des Trostes zu mir sagen.

Gisella

Wieder ein Tag wie aus dem Bilderbuch,
Über dem Traunsee die Sonne sommerschwer
Im Golde glüht – vom hohen Berge her
Wohltuend wie ein Liebesspruch.

Seewärts gleitend eine leichte Brise,
Bringt milde Kühle über die müde Stadt.
Im gleichen Takt der Seewellen naht
Aus einer Bucht der wohlbekannte Riese.

Ach nein, ich muss mich korrigieren gleich,
Das Traunseeschiff ist eine Dame.
Gisella ist ihr geschätzter Name,
Wie eine Gondel schlank, einladend, weich.

Nach dem Kalenderdatum ist sie nicht mehr ganz jung,
Doch ihr Lebensdrang ist jung geblieben.
Die Sommergäste, Jahr für Jahr, sind ihre Lieben.
Vom Seeglück getragen, mit bedachtem Schwung,

Gleitet Gisella in reifer Eleganz,
Selbstbewusst, fest überzeugt von ihrem Charme.
Bei einer Fahrt mit ihr wird einem in der Seele warm,
Ein Schiff voll Nostalgie verleiht Gmunden Glanz.

Gleich einem Reisenden

Gleich einem Reisenden,
Von Sehnsucht getrieben,
Suchst du nach jenem Licht,
Um dein Innerstes zu erhellen.
Angst umfasst dich,
Hält dich fest
Im Schatten deines Daseins.
Deine fragenden Blicke
Wendest du dem See zu,
Der sich am Rande des Weges ausdehnt,
Unruhig schwingend
Wie deine rastlose Seele.
Du bleibst noch eine Weile stehen
Dort am holprigen Weg,
Sinnend, in tiefem Fühlen, schweigend.
Ein kurzer Tagtraum berührt dein Herz
Und urplötzlich zieht er vorbei.
Wie beglückend und täuschend zugleich
Die Träume sein können ...
Du gehst den Weg weiter,
Winkst dem See zu,
Wo der Traum sich verflüchtigt hat.

Harmonie

Nimm meine Hand in deine
Und sag kein Wort.
Der Glanz der Abendscheine
Verlässt den Ort.

Der Tag zieht sich zurück
Aus der Welt Gewühl.
Die Erde atmet leise,
Um uns ist's still.

Wie reich macht uns das Schweigen,
Uns näher bringt.
Die Herzen ruhig schlagen,
Gleich gestimmt.

Heimkehr des Glücks

Aus dem lauten Tag alle Gedanken
Finden wieder ins traute Heim zurück.
Und alles, was dich hielt in schweren Schranken,
Trägt nun ein stilles, ruhig verklärtes Glück.

Im Raum flackert ein gedämpftes Licht.
Du hörst den Regen dumpf auf Dächer prallen,
Geborgen lässt du dich in weiche Kissen fallen
Mit einem leichten Lächeln im Gesicht.

Der süße Schlaf lockt dich in seinen Traum.
Wie aus der Ferne hörst du noch den Regen,
Wohlvertrauter Friede füllt den Raum,
Das Glück ist heimgekehrt von seinen Wanderwegen.

Herbstankündigung

Ein leises Stöhnen aus des Berges Höhe
Auf Wolkenflügeln gleitet leicht zum Tal.
Aus seinem Ton vernimmst du ein Gefühl der Reue,
Du hörst des Laubes Weinen herber Schall.
Der Herbst kehrt ein wie jedes Jahr auf's Neue.
Wie leer geworden ist des Himmels blauer Saal.

Schon bald der kühle Nebel übers Land
Wird grauen feuchten Schleier ausbreiten.
Das Feld mit seiner kalten Hand
Wird sich das Ruhebett bereiten.
Umhüllt im dunklen Gewand
Bewahrt es seine Träume aus den Sommerzeiten.

Himmelswunder

Schweren Herzens stand ich auf,
Ich war krank, mir tat alles weh.
Um etwas in Schwung zu kommen,
Trank ich einen Früchtetee.

Doch die unbestimmten Schmerzen
Wichen aus meinem Leib nicht aus.
Schwacher Schritt – doch fest entschlossen,
Taumelnd ging ich aus dem Haus

In den Wald, um mich die Stille.
Nichts verstellte mir den Blick,
Eine neu entdeckte Fülle
Gab mir mein verlorenes Glück.

Sonnenstrahlen blinkten freundlich
Mir entgegen, ich war frei.
Ringsumher in allen Dingen
Himmelswunder war dabei.

Hochzeit in der Au

Durch die jungen Weidenzweige
In den Rhythmen einer Geige
Eine ganze Vogelschar,
Fein gekleidet Paar für Paar
Alle gut gelaunte Gäste
Flogen sie zum Hochzeitsfeste.

Eine Krähe gab kund, die Gute
Dass gerad in dieser Stunde,
Hoch platziert auf Birkenäste,
Wartet auf die Hochzeitsgäste
Stolz das junge Brautpaar
Mitsamt zu fliegen zum Altar.

Eine Amsel fragt recht laut
„Und wer ist die schöne Braut"
Wen nimmt sie zum Herrn Gemahl?
Wohnt er hier in diesem Tal?
Hat er schon gebaut ein Nest
Noch vor dem Vermählungsfest?

Wer die Braut ist? – jawohl
Lerche heißt sie
Landwärts hört man ihren Gesang
Einen ganzen Sommer lang
Müde wird sie nie

Ihr Gemahl, der bunte Specht
Hohen Rang hat er
In dem Vogelreich – mit Recht

Sein erlesenes Gewand
Glänzend, bunt und weich wie Samt
Man sieht – er ist Wer

Und so kamen Arme, Reiche
Was Flügel hatte am Leib
Aus dem Walde, aus dem Teiche
Auch ein Schwarm von alten Spatzen
Man hörte wie sie neidisch schwatzten
So zum Zeitvertreib

Jemand schrie ohne Umschweife
Wer Trauzeuge ist?
Doch ein Herr in voller Reife
Wahrhaft schöner als die Sonne
Doch noch schöner zweifelsohne
Seine Frau – Ihr wisst

Ja – Ihr ahnt schon, wen ich meine
Das Pfauehepaar
Doch das Paar kam nicht alleine
Alle näheren Verwandten
Die Cousinen, Onkeln, Tanten
Kamen zum Altar

Einzig nur die flinke Meise
Wegen Todesfall
Ganz in Trauer blieb zu Hause
Bei dem Toten still zu wachen
Um`s den Seligen recht zu machen
Noch ein letztes Mal

So flogen alle tief berührt
In den langen Reihen
Pfarrer Storch, wie es sich gebührt
Nahm das Brautpaar in Empfang
Und es dauerte stundenlang
Seine Litaneien

Später zum dem Hochzeitsmahl
Mit gebundenen Schürzen
Schwalben aus dem grünen Tal
Legten Damast auf die Tische
Und es drängte aus allen Nischen
Düfte von Gewürzen

Nichts soll fehlen, Trank und Speise
Mengen soll es geben
Fromm, am Eck, der Kuckuck leise
Im Gebet ein wahrer Meister
Monoton, die guten Geister
Bat um ihren Segen

Könner seines Fachs der Rabe
Mit dem Dudelsack
Spielte er zwei ganze Tage
Und die Eule, seine Nichte
Hochplatziert auf einer Fichte
Sah bewundernd „dieser Knabe,
Schön ist er im Frack"

In der Lichtung Taubenpärchen
Elegant gestylt

Flüsterten: "was für ein Märchen
Wollen wir den Tanz beginnen
Mit der Braut mittendrinnen
Wie in alter Zeit?"

Die Stimmung sich rasch erhitzte
Was soll ich noch sagen?
Alle tanzten, erzählten Witze
Sogar eine Wasserente
Die schön längst genoss die Rente
Überzeugte ihren Mann
Ein beleibter Auerhahn
Ein Tänzchen zu wagen.

Hinter einem alten Baum
 Eine Haushenne
Fing an mit der Schnepfen 'nen Streit
Die Schwiegertochter, wie es scheint,
Doch sie streitet gerne
Nacheinander durch die Äste
Langsam Schar um Schar
Kamen all die feinen Gäste
Und tausend Schnäbel hoch in Form
Sangen laut, pflichtkonform
„Hoch das Brautpaar"

Mein Gedicht vom Hochzeitspärchen
Aus dem Grünen Hain
War tatsächlich nur ein Märchen
Und wer trotzdem daran glaubt
Es ist zweifellos erlaubt
Manchmal Kind zu sein.

Ich kehre heim

Wie alt bist du geworden, Lebenszeit?
Noch gestern jung, heut trägst du weißes Haar,
Wir sind für immer ein getrautes Paar.
Im Herzen tragend ein unbekanntes Weh,
Ich torkele mit in die Vergänglichkeit.

Manchmal vernehme ich aus fernem Jugendtraum
Ein süß' Geflüster aus des Herbstes Wind.
Ich lass mich willig täuschen, stell mich blind.
Ich hab gelebt und leb auch weiterhin
In enger Symbiose mit dem Traum.

Die Wolkenzüge starren wie gelähmt,
Ihre nasse Last liegt auf dem Ackerfeld.
Eine Vogelstimme aus dem Walde gellt.
Regenkühle flattert durch die Lüfte,
Bis ein Sonnenstrahl sie sanft erwärmt.

Am Waldesrand, alleine, mit dem Blick zum Licht,
Vor meinen Augen zieht ein Schwarm von Krähen.
Doch das Licht will bald ins Dunkel gehen.
Ich kehre heim, der Geist hat viel gesammelt
Und will umschreiben alles im Gedicht.

Ich kenn dich nicht

Wie du aussiehst ... ich weiß es nicht.
Wie denn? Ich hab dich nie gesehen?
Und doch in meinem Leben wird bald etwas geschehen,
Ich sehe durch die Zeit das ferne Licht.

Dein helles Kommen leuchtet mir entgegen.
Wenn du mein Haus betrittst, es wird ein Fest.
Ich ahne schon, der letzte Sehnsuchtsrest
Murrend wird sich von mir fortbewegen.

Wir werden uns ein Nest der Wärme bauen,
In der Sommernacht dieselben Sterne schauen.
Durch die bunten Wiesen zu zweit gehen,
Im Liebesschmerz zu zweit vergehen.

Wie rätselhaft vertraut erscheinst du mir,
Wie ein süße Regung ich deine Nähe spür.
In meinem Leben wird bald etwas geschehen,
Ich weiß, auf des Glückes Pfad mit dir ich werde gehen.

Ich möchte gehen

Ich möchte gehen
Irgendwohin,
Von Sehnsucht getrieben,
Immer woanders,
Ohne Ziel, ohne Sinn.
Der Wind lädt mich ein
Zu wandern mit ihm.
Wo find ich die Ruh?
Ach, es ist schlimm.
Schreien möchte ich
In den Frühling hinein.
Er soll aufhören,
Mir Glück vorzugaukeln.
Schon der Garten allein
Säuselt mir Trauer ins Ohr.
Ich möchte flüchten
Zum heilenden Hort der Träume.
Ich rastloser Tor,
Mein Herzensweh
Möcht ich ertränken
Im weiten Meer
Der Traurigkeit.
Wenn die Sonnenlichter
Ins Dunkel versinken,
Befreit von Zwängen, ich möchte
Das Rad der Zeit zurückdrehen,
Um Bilder der verlorenen Jugend
Noch einmal zu sehen.

Ich wandle

Der Abend senkt das schwere Haupt
Schweigend übers weite Land.
Des Himmels lang gezogener Rand
Ist von Dämmerlicht umblaut.

In den Birkenästen stumm
Tagesmüde ruht der Wind.
Träume, die voll Ängste sind,
Schwirren wild um mich herum.

Ich wandle durch die schmalen Gassen
Im Herz schweres Sehnsuchtsweh.
Jugend, zauberhafte Fee,
Warum hast du mich verlassen?

Im Frühlingsrausch

Schon drängt der Frühling sich in deinem Garten.
Vom Sonnenstrahl bescheiden, weich durchflutet
Das kleine Leben, scheu und unvermutet,
Wacht auf lächelnd aus dem langen Warten.

Noch streift der Wind unsanft an deine Wangen.
An manchen Stellen schmilzt der Schnee noch nicht,
Lass dich nicht täuschen, schon morgen wird das Licht
In tausend kleinen Blümchen prangen.

Geh auch du in den verjüngten Wald,
Wo gut gelaunt plappern junge Spatzen.
Ihr aufgeregtes wundersüßes Schwatzen
Wie Kinderlachen durch die Luft erhallt.

Aus feuchter Erde steigt ungeahnte Kraft,
Leben spendend, ringsum im neuen Kleide,
Beschmückt wie eine Braut, zeigt sich die grüne Heide.
Ein letzter Nebelrest dahin verdampft.

Goldregenstrauch öffnet seine Blüten,
Wie kleine Sonnen leuchten dichte Glöckchen.
Auf Zweigen eng gewebt wie goldene Söckchen
Umarmen sich die kecken Frühlingsglückerfüllten.

Im Haus riecht es nach Tränen

Es riecht im Haus nach Tränen.
Wenn auch schwer mein Schritt,
Ich gehe in den Wald,
Doch auch der Wald weint mit.

Im Winterschlaf

Im Winterschlaf versunken ruht das Tal
Friedlich, träumerisch, fast irreal.
Ein schmaler Sonnenschein, verwirrt und kalt,
Als betrete er ein unbekanntes Land,
Schleicht sich durchs weite Feld und schwindet wieder,
Schnell im Vorbei reißt er die Wolkennebel nieder.

Erstarrt die kalte Luft, sie atmet nicht,
Als wäre sie in eigenem Frost erstickt.
Nur ab und zu der Kauzrufer hallt
Wie Trauersang aus dem entlaubten Wald.
Mich zieht's hinaus zu den verschneiten Steigen
Am Saum des Waldes, berührt von Fichtenzweigen,

Zu spüren jenen Zauber, der Wintermärchen schreibt.
Das ruhelose Herz dorthin mich treibt,
An diesem Ort alleine zu verweilen,
Mit dem verwaisten Wald die Sehnsucht teilen,
In mich gekehrt die scheuen Rehe belauschen,
während des Baches Wellen in Gleichklängen rauschen.

Immerzu

Die Sehnsucht treibt mich immerfort,
Ich kenne keinen fixen Ort,
Der mich in Ketten hält.
Wandern durch das weite Land,
Wenn mein Herz fernwehentbrannt.
Kein Hindernis versperrt

Sein Drängen, woanders hinzugehen,
Der Schöpfung bunte Vielfalt sehen,
In Freude zu verglühen.
Von ihrer Kraft mich treiben lasse,
Selig über alle Maße
Immer weitergehen.

Keine Weite ist mir Last,
Ob da – ob dort – ich bin nur Gast
Auf der Mutter Erde.
Im Strom der Zeit stets ohne Ruh,
Treibt mich die Seele immerzu
Durch alle Zeiten Wände.

In dem Walde

In dem Walde schwirrt es bunt.
Banger Blätterfall im Sterben,
Auf dem Weg zum Grabesgrund
Lässt er Todestänze beben.

Der Gesang aus Lerchenkehle
Ist im Nebelgrau ertrunken.
Auf des Windes kalter Welle
Krähenruf weht in Dämmerungen.

Stumm und taub ist die Welt.
Das Feld schläft im Nebel ein.
Du hörst, wie das Laub fällt,
Und siehst kaum den Wiesenrain.

Wenn traurig die Sonne sinkt
Und die Schatten lang sich dehnen,
Siehst du, wie der Garten blinkt,
Wie ein Auge, nass von Tränen!

In vino veritas

Was heißt das?
Es heißt etwa:
Wenn man sich reichlich einschenkt,
Nur dann spricht man das aus, was man sich denkt …

Jahreswende

Das alte, ausgezehrte Jahr
Zählt nur noch ein paar Tage.
Du nimmst rückblickend nur den Umriss wahr
Und schon drängt sich die alt vertraute Frage.

Bringt das neue Jahr auch neues Hoffen?
Darf das Herz ein kleines Glück erwarten?
Noch liegen vier Jahreszeiten vor dir offen,
Wird in diesem Raum Freude walten?

Wenn manchmal dunkler Zweifel dir verstellt
Den weiten Blick, so glaube fest daran,
Das neue Jahr auf seiner langen Bahn
Verborgen so viel Gutes für dich hält.

Bange Worte lass beiseite liegen,
Sie löschen keine Ängste aus.
Wenn Liebe wohnt in deinen Lebensdingen,
Wohnt auch das Glück unweit von deinem Haus.

Klageruf der Natur

In den langen Nächten aus der Tiefe ranken
Wühlend durch die Geiste brennende Gedanken.
Böse Geisterblicke irr glotzen mich an,
Um mich tanzt vergnüglich der normale Wahn.
Wilde Schauerregen auf die Dächer prallen,
Durch die Dunkelheit Sturmgeheule hallen.
Ich, von Angst umgeben, neben mir die Katze
Zart auf meine Hände legt sie ihre Tatze.
Untergangsvorboten ziehen durch die Nacht,
Ein Phänomen als Folge des Klimawandels
sagt uns die Wissenschaft.
Doch die Stimme der Vernunft ist nicht gefragt,
Euch scheinbar Mächtigen der Welt, euch sei gesagt:
Wenn ihr die Erde treibt bis zur bitteren Not,
Wir werden alle – Reiche wie Arme – sitzen in demselben Boot.
Ausnahmslos gemeinsam gehen wir unter,
Daher macht Schluss mit eurer Gier – werdet mal munter.
Die Natur kann sich erholen, sie viel vergibt,
Wenn man das Ursprungsrecht ihr zurückgibt.

Königin der Nacht

Selbst erstaunt sie glänzt nur in der Nacht.
Wenn ihre Knospenschalen aufspringen,
Hehre Wogendüfte rauschend durchdringen
Die laue Luft. Verzückt der Abendstern erwacht.

Nur für eine Nacht, hauchzart erlesen,
Schwingend kokettiert sie mit den Mondesstrahlen.
Hände faltend selbst die stolzen Rosen
Vor dieser Zauberblume auf die Knie fallen.

Beim Tagesanbruch entblättert sich die Pracht,
Das Blumenleben in die Frucht zerrinnt.
Im Inneren sie blutet lind.
Der Samen lebt und wird erneut erblühen,
Vergnügt – im Schoße einer lauen Nacht.

Lass dich fallen, Nacht

Ich suche eine neue Heimat,
Die meine Sehnsucht stillt und schenkt mir Ruh,
Wo das wehe Herz die Heilung findet,
O Wunderheimat, an welchem Ort wohnst du?

Ich such ein neues Heim, ein kleines,
Manchmal glaubte ich, ihm nah zu sein,
Um festzustellen, es war ein Weg der Täuschung,
In den Zauber der Verblendung fällt man leicht hinein.

Lass dich niederfallen, Nacht,
Zu müde bin ich heut zum Denken, Planen,
Ich will schlafen – es gäb die Gnade nicht,
Wie schlimm es wär, ich kann's nur ahnen.

Lass dich nieder, Schlaf, umarme mich,
Du tröstlicher Begleiter in den bangen Stunden,
In deinem Traum Gottes Hauch schlummert,
Wie oft bei dir ich neuen Mut gefunden.

Lass Tränen fallen

Frag nicht, warum mein Herz so schwer,
Wenn ich durchs Morgenlicht zum Himmel blicke.
Erinnerungen, wie kurze Augenblicke,
Sausen vor den Augen kreuz und quer.

Ich seh die schönste Zeit, die längst vergangen,
Wenn auch betrübt mein Auge schaut hinein
In das verlorene Glück, das nie mehr mein wird sein.
Ach Herz, hör endlich auf, dein Sehnen zu beklagen.

Lass Tränen fallen auf meine Wangen – leicht
In ihrem heißen Fluss das Leid verbrennt.
So findet meine Grübelei ein End
Und Wunden schließen zu – vielleicht.

Lass mich das Beste hoffen

Du stehst vor mir, ich seh dich an,
Was für ein Bild, ein ganzer Mann.
Mein Blut saust heiß, die Sinne sich erhellen,
Durchflutet durch des Glückes Wellen.

Wie zärtlich hältst du meine Hand!
Wie lodert hell der Herzensbrand!
Mein Ich liegt ganz in Liebeswehen.
Oh Traum, wie lang willst du bestehen?

Was hat das Schicksal mit mir vor?
Was birgt sich hinter seinem Tor?
Steht mir die Himmelspforte offen?
Oh Gott, lass mich das Beste hoffen.

Lasst mich weinen

Als uns die Welt zu Füßen lag,
Wir waren jung und voller Tatendrang.
Hand in Hand wir gingen durch das Land,
Den Blick dem Lichte zugewandt,
Das Leben war ein einziger Gesang.

Dem Glücke zugetan, die Herzen mutig,
Jeder Tag war wie für uns gemacht.
Nur selten eine Wolke flüchtig
Warf ihre Schatten schmal und dürftig,
Doch stärker war der Sonne Macht.

Nun ich alleine bin, um mich herrscht Stille,
Die mich gefangen nimmt, gebändigt sind
Die Jugendwünsche und des Dranges Wille.
Auf meinen Lebensweg fällt sanfte Kühle,
Oh reisemüdes Herz, dein Herbst beginnt.

Des Blutes Wogen haben sich gelegt,
Umkränzt von Frieden ist mein Wesensbild.
Doch in der tiefen Seele noch immer mich bewegt
Die alte Sehnsucht, die mich zu Tränen regt.
Lasst mich weinen, weinen, wie schon so oft als Kind.

Lauf der Welle

Welle auf Welle
In schäumender Helle
Hallend sie rollen
Durch Kiesel und Algen.
Gepeitscht und geschlagen,
Zuckend sie schnellen,

Von Schauern durchdrungen,
In rhythmischen Schwüngen
Nacheinander gereiht
In ewiger Regung
Von dämonischer Prägung
Den Stürmen geweiht.

Sie fallen und steigen,
Ein Drängen und Jagen,
Ein süchtiges Spiel.
Ihr Wellen, nehmt mit auf die Reise
Auf eure Weise
Mein wehes Gefühl.

Mein Geburtstag

Es schaudert mich im Herzen, denn es heißt
Abschied zu nehmen – zum wievielten Mal?
An diesen Schmerz ich kann mich nicht gewöhnen,
Doch mein Geburtstag lässt mir keine andere Wahl.

Nehmt mir nicht übel, Freunde, ich will alleine sein.
Zum Feiern fehlt mir heute der Humor.
Die Sehnsucht wird mich wiegen bis in die Nacht hinein,
Lasst mich träumen, weinen, hoffen wie ein Tor.

Lasst mich durchleben einsam noch einmal
Das alte Jahr, im Schweigen, Leid umkost.
Im Geiste wach durchfliegen Hoch und Tal,
So hoffe ich zu finden meinen Herzenstrost.

Mein Himmelsstern

In einer Nacht ich richtete den Blick
Auf einen Stern und halb im Traum verloren,
In dem Glauben, er leitet mein Geschick,
und nur meinetwegen wurde er geboren.

Seitdem ich sehne mich nach fernem Land,
Ich trag in mir Heimweh nach Ewigkeiten.
Doch für meine Wünsche bleibt mir das Wunderland
Verschlossen. Wie trügerisch die Träume die Nacht
durchschreiten.
Von der langen Reise im Herzen heimgekehrt,
Ich freu mich, wenn mein Stern für mich am Himmel
brennt.

Meiner Mutter

Ich weiß, Mutter, wie oft nach mir gerufen
Hast du, verzweifelt in deinem Todesschmerz.
Ich hörte es nicht, so nahmst du mit ins Grabe
Die Sehnsucht nach dem Kind, und ein gebrochenes Herz.
Die Qual der Reue flammt und brennt in mir.
Nichts tröstet mich, die Schmerzen wachsen munter.
Noch lebe ich auf Erden, du im Himmel,
Doch irgendwann, ich komme zu dir, Mutter.

Und glaube mir, es wird ein Seelenfest,
Ich hab dir eine Menge zu erzählen,
Seit ich verlassen hab das mütterliche Nest.
Mein Schmerz wird dann an Mutterkraft zerschellen.

Mit dir im Herzen

Einsam geh ich durch das schale Leben
Mit deinem Antlitz im Herzen eingebrannt.
Dein Scheiden nahm mir, was ich liebte,
Und ließ schutzlos zurück die Seelenwand.

Wenn deine Augen nun verschlossen sind,
Ein Hauch von dir schwebt noch in dieser Welt
Wie ein Engel, der seine Schwingen breitet,
Trost spendend meine Hoffnung hält.

Rastlos passiert den Weg die Zeit.
Mit jedem Tag dir näher komme ich.
Ich blick zurück – gelassen, ohne Neid,
Das Leben gab mir Fülle reichlich.

Mutters Bild

Ein Bild von ihr
Hängt an der Wand.
Beim Schoß sie hielt
Mit rechter Hand

Ein kleines Kind
Mit blondem Haar,
Nicht älter als
Ein gutes Jahr.

Wie sanft ihr Blick,
Er gibt mir Kraft
Und kündet klar,
Was Güte schafft.

Wie ihr Gesicht
Erstrahlt im Glanz
Und füllt mit Licht
Mein Zimmer ganz.

Vor Mutters Bild
Verneige mich,
Mein Leben ihr
Verdanke ich.

Brief für die Nachwelt

Mit unermesslich großer Kraft der Urknallwehen
Das Universum wurde einst geboren.
Wenn es zur Ruhe kam, nach dem Geschehen
Die Schöpfung der Planeten hatte sich eingeschworen.

Aus dem Urbild unbekannter Ahnen,
Eine geballte Macht auf Ewig ungeteilt
Entstieg – und ihre Kräfte in wohlgelenkte Bahnen
Durchlief das Himmelreich dem Sieg geweiht.

Nach dem errungenen Siege auf Geheiß
Der hohen Macht – erst später Gott genannt -
Mit Geschicklichkeit und mühevollem Fleiß
Aus tausend Trümmern ein riesen Bau entstand.

Die Zeit verflog, der Bau bekam Gestalt
Gespickt mit Schönheit, unschätzbarer Wert,
Frei von jedem Zeichen der Gewalt,
Mit Status Ewigkeit beschert.

Von seinem Schaffen überzeugt, Herrgott
Sinnend „namenlos kann mein Projekt nicht sein
Wie soll ich nennen diesen schönen Ort?"
Und bald fiel ihm der Name „Erde" ein

Von seinem hohen Thron sah er herab
Und stellte fest, dass etwas fehlte noch.
Die Erde war ein schön geschmücktes Grab
Wo ungehindert, totes Laster kroch.

Dann sprach der Schöpfer: „es muss etwas geschehen,
Die Erde muss sich drehen, Gewand der Freude tragen."
Mit einem Hauch von Leben er ließ sein Werk umwehen.
Im Glück, der Erde Herz, fing an zu schlagen.

Bald begann ein Wettkampf auf dem jungen Land.
Riesen Wälder ragten bis zu Himmelsfluren,
Meereswogen wütend, zermahlten Stein zu Sand,
Feuer, Licht und Wärme sich bahnten ihre Spuren

Durch geheime Nischen, die überall verstreut
Sich mit der Erde drehend im Lauf der Ewigkeiten.
Da alles lief nach Plan, der Schöpfer höchst erfreut
Beschloss er segnend die Jahreszeiten.

Es fehlte zur Vollendung noch die Krone.
Umgehend schrieb er auf die Liste einen Vermerk.
Sich fragend, sah er herab von seinem hohen Thron
„Wer soll verwalten dieses edle Werk?"

Mit Forscherdrang und funkelndem Verstand
Erschuf Herrgott den Menschen mit allen Sinnen.
Gab ihm Vollmacht über das ganze Land
Und Geist, sich auf seine Aufgabe zu besinnen.

Gute Taten sollen ihn stets umkränzen,
Der Welt mit seinem Wirken Glanz und Würde geben,
In dem Bewusstsein: seine Macht hat Grenzen,
Sein Dasein eng verknüpft ist mit dem Sterben.

In seinem Drang, in seiner Eitelkeit

Von uferlosen Trieben blind gelenkt.
Vergaß der Mensch des Himmels Gottheit
Die ihm ein kleines Paradies geschenkt,

Welch sanft durchflutet vom warmen Sonnenlicht
Ein Zwerg im Weltall, doch angehaucht mit Leben
Seine Schönheit war der Menschen Pflicht
Sie zu bewahren, und weiter zu vererben.

Die Gier nach Reichtum und Macht,
Still wie eine heimliche Verschwörung
Auf der ganzen Erde noch unversehrte Pracht
Entstanden tiefe Wunden der Zerstörung.

Rücksichtslose Ausbeutung der Natur,
Kriegsgrauen, verschmutzte Luft, vermehrtes Leid
„Allmächtiger", unweigerlich ich frag mich nur
„Ist das die Krönung, die Du einst gemeint?

Ob Du Deine Entscheidung nicht bereust?!
Oder Du überlässt dem Mensch die Selbstvernichtung?
Dein Herz an einem anderen Ort des Alls erfreust?
Den Blick lenkst Du in eine neue Richtung?"

Als Menschenfreund geboren habe ich
In meinen jungen Jahren viel gelacht.
Doch Schandtaten der Menschheit haben mich
Nach und nach zum Misanthrop gemacht.

Nacht, komm

Dein Wohl, dein Weh heißt Einsamkeit,
Ein Wechselspiel von Süß und Bitter.
Es ist verrückt, du hältst sie fest
Und kniest zu ihren Füßen nieder
Voll Sehnsucht nach der Jugendzeit,
Nach heimatlichem Mutternest.

Dein Herz, welch Dauerglück begehrte,
Trägt nun Erinnerung in Stille.
Manch unerfüllte Lebensziele
Verstummt sind auf verlassener Fährte.

Auf diese fernen Bilder manchmal
Lenkst du den Blick, vom Groll befreit,
Schmeichlerisch, ein Lächeln streift dich sacht.
Und schwindet wieder in die alte Zeit
Ein kurzer, scheinbar süßer Freudenschwall,
Als wär er aus Schmerzen zufällig erwacht.

Als wahrer Tröster bleibt dir nur der Traum,
Die Wirklichkeit ist dir zu rau, zu fremd.
Oft standest du vor ihr wie halb gelähmt,
Um dich kränkelnde Luft im seelenlosen Raum.

Unaufgeregt, der Tag verglomm.
Im Flüsterton, die Dunkelheit
Spricht mit den Sternen, ob sie bereit,
Sich zu entzünden sind. Nacht, komm.

Nur dich allein

Ich hab von dir geträumt heut Nacht,
Mein Herz, es schlug im wilden Glück.
Für eine Weile hat sich in mir entfacht
Die Flamme jener Zeit, die ich mit dir verbracht.
Doch schnell entschwand des Traumes Augenblick.

Für eine Weile, dein Atem streifte mich
Vorüberziehend wie ein leichtes Beben,
Ein warmes Lüftchen mein Gesicht durchstrich.
Hast du gesagt: „Ich liebe dich"?
Ach Traum, wie bitter du verwirrst mein Leben.

Für eine Weile standest du vor mir,
Entsetzlich schön, von goldenem Licht umringt,
Um dich Engelsgemurmel durchdringend, wirr,
Geliebter, lass dir sagen, mein Herz gehört nur dir.
Einen Zweiten so wie dich, den gibt es nicht.

Oh Traum

Aus des Traumes Blindheit, die betörend süß,
Noch halb im Schlaf, ich wollte gierig trinken
Der Wahnsinns Helle allerletzten Schuss.
Dann, in das namenlose Glück versinken.

Doch so wie er gekommen, so entschwand mein Traum
Spöttisch lächelnd ins trübe Morgenlicht.
Was blieb, war nur ein Luftzug durch den kleinen Raum,
Der schleichend zog nach sein Leichtgewicht.

Wie fremd mir plötzlich sein Wesensbild erscheint,
Doch kommt mir vor, dass in den Jugendträumen
Ich ihm mal schon begegnet.
Oh Traum, mein Auge weint,
Kehr um, lass mich noch einmal deine Frische träumen.

Oh Welt des Traumes

Gewitterwolken sind schon weggezogen,
Am Himmel zeigt sich traumumkost der Mond.
Des Laubes Tropfenglanz in den lauen, sanften Wogen
Erlischt, an die Launenhaftigkeit des Wetters längst gewohnt.

Alle meine Sinne, vom Lärm des Tages müd,
Vom Schlaf beraubt, sie gleiten durch die Nacht
In die Welt der Träume, wo auch mein Denken ruht.
Dort ist meine Herzensbleibe, vom Göttlichen bewacht.

Der Sehnsucht süßes Weh muss draußen warten,
Ihre Klagelieder hör ich nicht.
Die Nachtdämonen kreisen in dem Garten
Konturenhaft im scheuen Mondeslicht.

Oh Welt des Traumes, lass mich aus deiner Fülle
Sattsam laben, nicht nur für eine Nacht.
Trag mich zum Strome erhabener Gefühle,
Die mich vergessen lassen und unglücklich macht.

Ostern

Die Regenwolken Freudentränen gießen,
Durchrauscht vom Leben.
So weit das Auge schaut, nur blühende Narzissen.
Die Kirchenglocken beben

Im Glück der Auferstehung. Das Leid entschwand
Im nassen Wolkendunst.
Süße, schwer, du greifst nach meiner Hand
Schwelgend in der Frühlingslust.

Wir blicken in den Tag, gelassen, still,
Im Traumnetz gefangen.
Der laue Wind verdrängt das Wolkenspiel.
Gottes Sohn, vom Licht umfangen,

Steigt zur Himmelsleiter aus dem Grabesgrunde
Vom Schmerz befreit.
Ein Engelschor in dieser heiligen Stunde
Besingt die Osterzeit.

Poesie

Sie ist der wehen Seele Opium,
Mit ihr ich weine und ich freu mich stumm.
Mein Inneres erstickt im Gefühl,
Es lodert in des Herzens Gewühl.

Ach Poesie, in dir Leidenschaft glüht,
Dein Entstehen auf tiefster Empfindung beruht.
Schweigend du wohnst in gebrochenem Herz,
Lindernd du kleidest in Worte den Schmerz.

Regen am Abend

Ein Stöhnen gleitet durch den Wald.
Hörst du es nicht?
Der Himmel dunkle Bilder malt
Im Abendlicht.

Ein Donner schallt von Westen her
Ins weite Tal.
Die Wolken wandern lastenschwer
Durch's All.

Wenn Gräser leicht im Winde zittern,
Du weißt es schon,
Aus Fern sie Regentropfen wittern,
Der Erde Lohn.

Ein Reh, verängstigt wie ein Schatten,
Am Waldesrand erscheint.
Im Regenstrom verliert sich Haus und Garten,
Der Abend weint.

Regen im August

Ein Sommertag, der keiner ist,
Vom Wind gepeitscht und regenschwer.
Vor dir der Wald, den du so liebst,
Wirkt atemlos, erbärmlich, leer.

Ringsum, von Wolken eingeengt,
Das Feld gleicht einem Reich der Toten.
Ich – Am Fenster angelehnt,
Mein Auge sieht nur Regenboten.

Erschreckte Starre, Dunkelheit.
Doch plötzlich durch die Wolkenwand
Ein Strahl bricht ein, fällt tief und breit,
Streut Licht mit seiner warmen Hand.

Lässt frei atmen Berg und Tal.
Der See – ein Spiegel für die Sonne.
Ein Vogel steigt zum blauen Saal.
Der Tag beginnt – das altvertraute Schöne.

Regenwolken

Der Himmel ist von Regenwolken
Belagert, doch es regnet nicht.
Der Tag verfällt im Dämmerlicht
Verschreckt, die Sonne ihre blonden Locken

Zog zurück. Die wartende Natur
Lächelt scheu und weint zugleich.
Wird der Regen warm, durstlindernd, weich,
Noch ahnt man nicht, was steht auf seiner Tour.

In mir es tobt die Freud, der Schmerz,
Die Hoffnung und die Lebenspein,
Das Glück und das Verlorensein,
Kampfplatz ist mein duldsames Herz.

Doch dieses Spiel von Wahr und Lug
Ich schau nicht mehr wehrlos zu.
Vorbei mit unterdrückter Ruh
Zum Gegenkampf bin ich noch stark genug.

Ruhelose Seele

Ruhelose Seele, du,
Als Suchende geboren,
Fragen stellen immerzu,
Hast du dir geschworen.

Da du keine Antwort findest,
Zweifelst an dem Erdensinn.
Zach* du Hürden überwindest,
Stumm die Tage fliehen.

Du irrst durch das Labyrinth
Schwellenden Gedanken
Und weinst wie ein kleines Kind,
Wenn die Kräfte schwanken.

In blinder Einbahn siehst du nicht,
Wie die Natur erwacht?
Oh Seele, kehr um zum Licht
Und trau der Götter Macht.

Schwäche, Angst sind deine Feinde,
Lass die Kraft des Mutes walten.
Schenke keine Acht dem Leide,
Dein Los noch kannst du umgestalten.

[*] umgangssprachlich, osterzgebirgisch, bairisch: zäh, auch übertragen für mühsam

Schau wie der Herbst

Die Sonne hat den Scheitelpunkt durchschritten,
Sei nicht verzagt, wenn jetzt der Sommer geht.
Auf seine langen Tage musst du nun verzichten,
Schau wie der Herbst schon vor der Türe steht.

Er schenkt uns reife Frucht und milde Strahlen,
Den jungen Wein, der schon im Keller brodelt.
Verschwenderisch er füllt die leeren Schalen
Und lächelnd uns den trüben Tag vergoldet.

Wenn manchmal noch in deinem Herzen
Vernimmst du klagendes Gebraus,
Stoß an und lass die Gläser klingen,
Ein starkes Herz hält das schon aus.

Schichtwechsel

Nach abgelaufener Einschulungszeit
Die Entscheidung ist endgültig gefallen.
In deinen Dankesworten klang Entschlossenheit,
Die in Vaters Ohr für immer wohltuend werden erhallen.

Unter deinem Fleiß, deinem feinen Geschick
Wird weiter erblühen die Vinothek „La Muhr".
Weißt du, Maria, manchmal ist das Glück
Etwas schüchtern, gelegentlich auch stur.

Behandle es gut, denn wo es dir schwerfällt zu entscheiden,
Stärkend wird er deine Schritte begleiten.
Es bändigt die Ängste und macht klein ihre Werte,
Dieses Glück wünsche ich dir als Lebensgefährte.

Und Zufriedenheit, im Einklang mit der Winzerwelt,
In die du deine Dienste gestellt.
Auch in die Veganernährung, aber nicht nur,
All das zeichnet aus das Haus „La Muhr".

Schlaflose Nacht

Flutende Gedanken
Durch den Geiste ranken,
Es umringt dich heiß.
Tausende Bilder
Drehen sich immer wilder
In demselben Kreis.

Von Finsternis umkränzt
In deinen Augen glänzt
Ein mattes Licht.
Ausgebrannt der Mond,
Erschöpft und leer betont
Sein schwindendes Gesicht.

In Dunkelheit der Nacht
Der Berg, schweigend, bewacht
Des Tales Leichnam.
Dein Atem auf und ab,
Mal sattsam und mal knapp,
Aus jedem Ährenhalm

Vernimmt der Erde Duft,
Rings harrt im Schlaf die Luft.
Im süß täuschenden Traum
Allein der Laut der Grillen
Geht um mit wehem Schrillen
Durch Wände losem Raum.

Schneerosen

Weihnachtszeit – ich gehe ziellos und frei durch den Wald,
Ringsum Schneerosen blühen, ich bin etwas verwirrt,
Von Winter keine Spur. Im Dezember balzen die Vögel,
Die Natur hat sich in den Jahreszeiten gründlich geirrt.

Die Wiese grün angehaucht, blinzelt vergnügt
Der Sonne entgegen, nichts bewegt sich im All.
Tannenharz würzt üppig die lauen Lüfte,
Kleinen Wundern begegne ich überall.

Ich will sorgenlos bleiben und schließe die Augen.
Was kommen wird, will ich nicht sehen, nicht wissen
Und lasse mich vom Augenblick treiben,
Von Schneerosen umgeben, die so wie ich den Winter nicht missen.

Seelenfest

Die Vergangenheit kehrt in die Gegenwart,
Mit ausgespannten Flügeln mich umfängt
Im lodernden Verlangen tief versunken,
Wie gern verweile ich in dieser Wunderzeit.
Der blinde graue Tag wird aufgehellt
Von reichsten Jugendträumen aus der Gedächtnistruhe,
Erinnerung, in frisch entflammter Glühe,
Wie ein Gelübde dem Geist die Treue hält.
Wenn noch immer eine Trauer in mir wohnt,
Die mir so manche Dinge nicht vergönnt,
Es gibt genügend Stunden, an denen ich mich freue,
Von dem, was einmal war, ich nichts bereue.

Am Horizont das Blau klärt sich – vor mir ein reifer Sommertag,
Geduldig wartend, dass ich danke sag.
Das Leben ist mir noch eine Erfüllung schuldig,
Werd' ich einmal noch des Herzens Glücke fündig?
Es muss doch einen Weg auf dieser Welt sich finden,
Der nicht so mühsam ist zu überwinden.
Auf meinem Wanderpfad, Gott, schenk mir nur so viel,
Um zu erreichen mein heiß begehrtes Ziel.
Ehe mein Geist ermüdet, führ mich zum schmucken Ort,
Danach, und wenn es dein Wille ist, schick mir den kühlen Tod.
Dann wird ein Seelenfest sich um mich rangen,
Ein Seelenfest der Ahnen, die schon vor mir gegangen.

Seltsame Begegnung

Ein zauberhafter Abend in Gmunden,
Auf der Esplanade saß ich auf einer Bank
Und schaute, wie die Sonne in den See sank.
Wahrhaftig traumerfüllte Stunden,
Vergnügte Urlaubsgäste drehten ihre Runden,
Wer weiß, in Gedanken wir waren vielleicht verbunden.
Bilderbuchdekor um das Traunseeland
Zeigte sich großzügig im leuchtenden Gewand.
Doch plötzlich stand vor mir ein unbekannter Mann,
Ob er fesch aussah, ich nicht mehr sagen kann.
Er hatte auf der Schulter einen Rucksack aus Leinen,
Das Antlitz ziemlich dunkel, die Haare so wie meine,
Kurze, bunte Hose. T-Shirt aus Batist
Und in der Hand ein Handy, wie heut die Mode ist,
Es auf den Punkt zu bringen – ein Tourist.
Bei uns sind nicht so viele wie in Bad Ischl halt,
Dort ewig wohnt die Sehnsucht nach der Kaiserstadt.

Nun zurückzukommen zu dem, was ich erlebt
An dem erwähnten Abend, der lebhaft vor mir schwebt.
Zuerst ich nahm nicht wahr die männliche Gestalt
Und blickte in die Weite, genoss die Gegenwart.
Dann gach* und unerwartet wie aus einem Musikinstrument
Ertönte eine Stimme mit fremdländischem Akzent.
Der Mann, den ich zuvor beschrieb, stand wahrhaft da
Vor mir – seine Herkunft vielleicht Amerika
Oder aus einem anderen Land, mir war's egal,
Heute laufen Fremde überall.
„Was will der?", fragte ich mich und stand bereit,

Davonzurennen, doch ich kam nicht weit.
Der Mann, an dem Kastanienbaum halb angelehnt,
Sprach mich an: „Einen Moment, please Lady, einen Moment."
Na Servus, dachte ich, für diese Sprache bin ich Antitalent.
Er: „Do you speak english?"
Ich dachte, was will der Bösewicht?
„Nein, mein Herr, Englisch sprech ich nicht."
„Okay", sagte er. „Sie sprechen Deutsch, Madame?"
„Yes", meine Antwort wie aus der Flinte kam.
Dann gab er mir sein Handy.
„Ein Foto, please, nicht schwer."
„Ich bin kein Fotograf, mein Herr, für solche Spielerei bin ich nicht ganz im Trendy."
Und mit gequältem Lächeln gab ich ihm zurück das Handy.
Doch damit war's nicht zu Ende – der Mann, er schien zu sein die Ruhe in Person und redete mir ein,
Mehr mit der Körpersprache, dass ich es kann –
Fotografieren. In Gottes Namen dann
Nahm ich das Wunderding noch einmal in die Hand,
Er stellte sich in Pose, im Hintergrund der glühende Abendbrand.
Nachdem er mir erklärte, mit Ruhe und Geduld,
Auf welchen Knopf zu drücken sei, bekam ich etwas Mut.
Ein kurzer Klick und Wunder war geschehen,
Erleichtert und befreit ich wollte gehen,
Doch er schrie mir nach:
„Madame, Selfie, Selfie."

Dann sagte ich: „Moment, mein Name Petra, ist nicht Elfi."
Er: „Gucken, Selfie", und zeigte mir das Bild.
Es war mein Bild, verkrampft, ausdruckslos, wie ein Hinweisschild.
Dann sagte ich: „Mir gleich, ich habe Sie gewarnt, Tourist, dass fotografieren nicht meine Stärke ist.
Nehmen Sie mein Bild als Souvenir,
Nicht oft erleben Sie ein solch Pläsier."
Doch zu meinem Leid, der Mann löschte das Ding
Und setzte fort mit einer andern Frau sein Fotoshooting.
Dies Ereignis im Moment in mir erweckte
Einen tiefen Ehrgeiz, der vermutlich in mir steckte,
Dass nun mit meinem Handy bei Bedarf
Auch ich kann Fotos schießen, farbenfroh, konturenscharf.
Vorausgesetzt, ich hab das Handy mit,
Das meist zu Haus vergess ich, es ist mir oft passiert.

Ich weiß, die Technik rennt, will nirgends stehen bleiben
Und übersieht dabei, dass ich brauch Zeit zum Schreiben.

[*] bedeutet schnell

So Gott es will

Ich wage eine Zwischenbilanz
Meines Lebens – wie verlief es bis jetzt?

Du gingst oft durchs Dunkel, mal durch den Glanz,
Doch mein Blick nach vorne gerichtet war stets.

Du hast viel mitgemacht, viel erlebt,
Viele Facetten des Daseins durchschritten.
Die Erinnerung vor den Augen dir schwebt,
Was dich beglückte, an was du gelitten.

Armut und bescheidener Wohlstand sind dir nicht fremd,
Glück stand dir nahe genauso wie Unglück.
Wie oft hast du verschenkt auch dein letztes Hemd
Und genauso oft bekamst du alles doppelt zurück.

Von vielen geliebt, doch auch missbilligt von vielen,
Immer bemüht die Balance zu bewahren.
Der Welt Leid und Freud trugst du im Stillen,
So gut du vermochtest, vermiedest du Neid und Gefahren.

Nun heißt meine Lebenserfüllung Schreiben,
Im Gedicht loben die Schönheit der Natur.
Mit tröstenden Versen meine Seele laben,
So Herrgott es will, bleib ich treu meinem Schwur.

Stiller Zeitbericht

Ein Sommerwind trägt mein Gedicht
Den Menschenohren zu
Und trägt es weiter in das Licht,
Wo alles bleibt und nichts zerbricht,
Dort findet es die Ruh.

Ich schreibe und ich frage nicht,
Ob's Sinn hat, was ich tu.
Ich schreibe leicht verständlich, schlicht,
was mich bewegt aus meiner Sicht,
mein Wort winkt jedem zu.

Erzählt von Liebe, Trennung, Leid,
Ein stiller Zeitbericht.
Manche seiner Seiten liegen weit
Zurück in meiner Jugendzeit
Verstaubt im fahlen Licht.

Die anderen, noch frisch sie sind,
Lebendig, wund und wahr.
Und immerzu mein Lebenslied
Wird gleiten mit dem leichten Wind
Durch Tag und Jahr.

Mein Zeitbericht wird irgendwann
Die letzte Seite binden,
Getrost aus meinen Herzgefilden
Wird auch das letzte Lied entschwinden,
In Frieden.

Tannenblüte

Vor meinem Gartenzaun pflanzte ich einmal
Eine Tanne – wie viele Jahre sind seitdem vergangen?
Sie wuchs und wiegte sich im Sonnenstrahl
Von Freude am Dasein umfangen.

Erwacht aus Winterstarre an einem Frühlingsmorgen,
Bis zu dem Wipfel war sie aufgeblüht.
Ringsum war ein Getuschel, die Amsellieder wogen
Sanft gleitend durch die Lüfte – die Tanne tief berührt

Stand staunend da und konnte nicht verstehen
Das Fest um sie, das seltsame Getue.
In sich versunken vernahm sie eine Stimme:
„Sei stolz, du trägst an deinem schlanken Leib
In voller Pracht das Kleid der ersten Blühe."

Und ewig suchst

In dieser Stunde gehst du allein
Einen einsamen Weg
Irrend durch den verschneiten Rain,
Das Licht ist streng.

Des Dorfes Häuser, klein und müde,
Versinken in das Tal,
Du hörst, mit der Natur im Bunde,
Der Flocken leisen Fall.

Du hast den Wunsch, wohl zu entrinnen
Der dumpfen Einsamkeit,
Doch dunkle Schatten um dich spinnen
Ein Netz der Dunkelheit.

Ein irres Gehen ohne Sinn,
Ein Leben auf der Flucht,
Heimatsehnsucht geistert in ihm drin,
Die ewig sucht.

Unerreichbar

Schweigend, leis, unauffällig
In dem Trubel dieser Welt
Meine Jugend ging verloren.
Einsam und von Angst umstellt,

Von dem Wunsch nach ihr zu suchen,
Schauernd, hin und her gerissen,
Sie bleibt unerreichbar, ferne,
Und will nichts mehr von mir wissen.

Liegend auf der bunten Wiese,
Mein Blick hängt am Himmelsbogen.
Ach du Traum, Seifenblase,
Wie oft hast du mich belogen?

Urlaub am Meer

Im Sand liegen und ruhen,
Neben dir das Marmarameer
In trauter Zweisamkeit mit dem Winde
Als Anvertrauter von Anbeginn her.

Lass deine Gedanken sanft fließen
Mit den Wellen – ohne Umkehr.
Zurückliegende Ängste und Sorgen,
Die Bedeutung verlieren im Urlaub am Meer.

Die wohltuende Wärme der Sonne
Lass auf deiner Haut verweilen,
Diese beglückende Fülle der Freude
Musst du mit niemandem teilen

Als nur mit dem Himmel, der über dir wacht.
Hell leuchtend, bis die Sonne zerrinnt
In des Abends glühenden Bränden,
allmählich der Schleier der Nacht
Sie kompromisslos zum Erlöschen zwingt.

Du spürst im Gesicht die erfrischende Brise,
Atmest des Meeres salzige Luft.
Rundum nur du und die göttliche Stille,
Zwischen Tag und Nacht schließt sich allmählich
Die restliche Kluft.

Vermeide sinnlose Fragen

Nichts sagen, nichts fragen, nicht grübeln,
Sei bei dir selbst, heiße dich willkommen.
Der Einsamkeit musst du nichts beweisen,
Sie gibt, was die laute Welt dir genommen.

Die Ruhe, die Zeit, das Gebet in der Stille,
Lästige Alltagspflichten vergessen.
Verweile in den Herzensgefühlen,
Dort, wo das Glück mit Tiefgang bemessen.

Gehe durch die welkende Wiese,
Von der Urkraft der Erde getragen.
Lass die sanfte, herbstliche Brise
Dich streicheln, vermeide die sinnlosen Fragen

Warum und wieso und wohin.
Vertraue dem himmlischen Licht,
Denn alles, was geschieht, hat einen Sinn,
Einstein sagte doch – Gott würfelt nicht.

Weihnachtsvollmond

Das Weihnachtsvollmondlicht hat gierig abgesaugt
Die Dunkelheit der Nacht. Durch den Garten
Leise wandern lang gezogene Schatten.
Mein Blick verfolgt sie, bis der Morgen graut.

Der letzte Traum gibt der Nacht die Ehre,
Dann schwindet er. Wie fremd erscheint das Land.
Im Brand der Sehnsucht mit lang gestreckter Hand
Ich such nach dir und taste in die Leere.

Durch's offene Fenster weht ein blauer Wind.
Die kühle Luft mir rau schlägt ins Gesicht,
Auf Flügeln trägt sie sanft verklärtes Licht
Mir Trost versprechend – der neue Tag beginnt.

Weinende Poesie

Es novembert im Lande
So wie ungezählte Jahre zuvor,
Die abgestürzte Sonne am Rande
Des Himmels ihre Wärme verlor.

Unheil bringende Stille
Seelenlos geistert umher,
Überall setzt sie durch ihren Willen,
Die Nächte hängen dunkelheitsschwer.

Auf verwitterter Erde voll Schauder
Dehnt sich Schmerz tragend die Melancholie,
Aus ihrer nie endenden Trauer
Tröpfelt weinende Poesie.

Weiße Tüpfchen

Tausend weiße Tüpfchen, klein, bescheiden,
In ihrem Kleid sie bringen Frühling mit.
Die Sonnenwärme können sie gut leiden,
Ihre Zartheit schlicht die Wiese ziert.

In perfekter Symbiose mit der Sonne
Sie blühen freudig in des Tages Licht.
Am Abend, wenn die Sonne schlafen geht
Und aus dem Himmel Dunkelheit einbricht,

Dankbar schließen sie die Augen zu.
In ihrem Antlitz sammeln sich die Träume
Fast atemlos, sie gönnen sich die Ruh
In dem weichen Schoß der Erdenräume.

Um dann am Morgen auf's Neue zu erblühen.
Du, Gänseblümchen, den Blick zum Himmel lenkst,
Klein dein Erscheinen, und doch durchrauscht vom Leben
Und groß das Glück, das du uns schenkst.

Wie schön ich's habe

Ich bin allein
Beim Tisch und schreibe
Und freue mich,
Wie schön ich's habe.

Gedanken schwirren
Schrankenlos
Und niemand ahnt
Mein stilles Los.

Frühlingsgedränge
Füllt den Tag
Und schneller pocht
Des Herzens Schlag.

Durchs Fenster winkt
mir Freude zu,
Beglückend meine
Seelenruh.

Wiederkehr des Glücks

Vor meinem Fenster blüht der Frühlingsflieder,
Noch nie zuvor war seine Pracht so schwer.
Durch seine Blätter ein leises Stöhnen geht
Vom lauen Wind geschaukelt hin und her.

Üppig beschmückt mit violetten Kelchen
Erstreckt er seine Arme sanft und weich.
Vom Sonnenstrahl gestreift, fließt durch die Lüfte
Der wohlbekannte Duft aus seinem Blütenreich.

In meinem Garten er, der Frühlingsflieder,
Der Allerliebste ist in einem Blütenmeer.
Unter seinem Dach erwachen alle Sinne,
Sein dankbar Herz des Glückes Wiederkehr.

Winterbeginn

Das ist ein beschwingter Tanz
Von kleinen weißen Schmetterlingen.
Mit verspielter Eleganz
Leicht sie schütteln ihre Schwingen.

Überrascht vom hellen Schaum
In Leichenstarre liegt das Feld.
Verwirrt sein Herz, man fühlt es kaum,
Im kalten Schlaf die Erde fällt.

Zahme Vögel arg im Schrecken
Flüchten eilig ins Geäst.
Dicht beieinander sich verstecken
Vorm ungeliebten Winterfest.

Wald und Wiese, Fels und Strauch,
Alle tragen weiße Socken.
Himmelwärts steigt bang der Rauch
Flimmernd durch die weichen Flocken.

Zauber einer Frühlingsnacht

Du atmest tief, im süßen Schlaf gefangen,
Der Hast gewichen, du träumst die heile Welt.
Die Gartenblumen im Schein des Mondes prangen
Farbenprächtig wie Bilder dargestellt.

Wie viele Stunden bin ich wach geblieben?
Du machst die Augen auf und siehst mich an.
Vertraute Morgenröte hat die Nacht vertrieben,
Wie schön beginnt der Tag, du liebster Mann.

Des Himmels Brand schon bald auf Wolkensäumen
Zerrinnt ins unbekannte Land.
Die Amseln singen in frisch ergrünten Bäumen,
Noch halb im Schlaf du suchst nach meiner Hand.

Über dem Berg zum Tal der Wind erwacht,
Kommt sanft zu mir, als wolle er mir sagen:
Wie viele Zaubereien lagen
In der Nacht, die ich mit dir verbracht.

Zweifel und Trost

Sinnend frag ich mich, was macht mein Leben aus?
Was bindet mich an seiner Ordnungsspur?
Der Weltenglanz ist es nicht, auch nicht mein Haus,
Es ist ein Treuebund mit der Natur.

In ihrer Schönheit, immer jung, erstrahlen
Die Welt, die Meere, Wälder, bunte Flure,
Wolken, die am Himmel Fabelbilder malen,
Und die Vielfältigkeit der Kreaturen.

Du sahst die Welt in deinen jungen Jahren
Wie eine helle Bühne, frühlingshaft.
Hoffnung, Freude, Neugier deine Freunde waren,
Im Rauschdrang du schlürftest den süßen Lebenssaft.

Da die Jugend – vergänglich wie ein Gruß –
Für ewig lässt sich nicht bewahren,
Dem Alter irgendwann sie weichen muss.
Erst durchs Erleben hast du dies erfahren.

An des Herbstes Schwelle angekommen,
Rückwärts blickend durch die Nebelwand,
Gedankenschwer und schweigsam, leicht benommen,
Doch nach Vergangenem greift nicht mehr deine Hand.

Aus vielen Wünschen nur einer ist dir geblieben,
Der Geist wird sich mit ihm die Zeit vertreiben.
In der Natur, auf weichem Boden liegen,
dem Glücke nah, du willst nur träumen, schreiben.

Wird dir vergönnt, vor dem Nachhausegehen
Am Gipfel deines Ziels zu stehen?